8
LN27
41074

TITRES ET TRAVAUX
DU
Dr Alexis ADAM

G. STEINHEIL, Éditeur.

TITRES ET TRAVAUX

DU

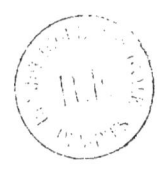 Dr ALEXIS ADAM

Candidat à l'Agrégation de Chirurgie

pour la Faculté de Nancy.

PARIS

G. STEINHEIL, ÉDITEUR

2, RUE CASIMIR-DELAVIGNE, 2

—

1892

GRADES UNIVERSITAIRES ET TITRES OBTENUS

AU CONCOURS

Docteur en médecine : Décembre 1890

Interne des hôpitaux de Nancy : 30 octobre 1887-1er août 1889.

Aide de clinique :

Chef de clinique chirurgicale : 1er août 1889-1er août 1892.

Première Mention honorable : Prix de Chirurgie 1888-89.

Première Mention honorable : Prix de Thèse 1890-91.

TRAVAUX ET PUBLICATIONS

1. De la tarsectomie pour pieds bots varus équins congénitaux. (Thèse de Nancy, 1890.)

La cure radicale des pieds bots varus équins congénitaux anciens par une opération sanglante était proscrite jusqu'à l'époque où la méthode antiseptique eut permis de pratiquer cette opération sans danger.

Malgré des travaux nombreux, la valeur comparative des différentes opérations sanglantes proposées pour la cure radicale des pieds bots varus équins congénitaux, incurables par le traitement orthopédique ordinaire, n'est pas encore définitivement établie.

M. le professeur Gross est resté partisan du mode de tarsectomie auquel il a donné le nom de *tarsectomie postérieure cunéiforme*.

Dans notre thèse inaugurale, inspirée par notre cher maître, nous avons cherché à montrer le bien fondé de son jugement par l'étude des différents éléments de la difformité qu'il s'agit de corriger dans un pied bot varus équin congénital, et par l'exposé des résultats thérapeutiques qu'il a obtenus.

Toutes les parties constituantes du pied prennent part à la difformité complexe connue sous le nom de pied bot varus équin congénital; squelette et parties molles sont modifiés de position et de forme.

Tous les os du tarse, étudiés en particulier, présentent

des altérations caractéristiques d'autant plus prononcées que la difformité est plus ancienne.

Mais si, après l'étude de chaque os, nous reconstituons le pied bot, il est facile de voir que la difformité se décompose en quatre éléments :

1. L'incurvation des bords;
2. L'incurvation des faces;
3. La torsion du pied;
4. L'équinisme.

Or, chacun de ces éléments a sa cause anatomique propre, qui est la modification non seulement de la forme, mais encore de la position des os du tarse.

1. *L'incurvation des bords est due :*

a) A l'incurvation de l'axe antéro-postérieur de l'astragale, principalement de son col, à la grande longueur du côté externe du col comparativement au côté interne, à l'inflexion de la tête en dedans, à l'aplatissement de cette dernière dans le sens transversal ;

b) Au déplacement du scaphoïde, dont le diamètre transversal est devenu oblique en arrière, et qui, grâce à la flexion vers en dedans de la tête de l'astragale, est porté en dedans de cet os et tend à se placer de plus en plus parallèlement à lui ;

c) A la déformation du calcanéum, incurvé sur son axe longitudinal, ses extrémités antérieure et postérieure ayant tendance à se rapprocher en dedans;

d) A la déformation du cuboïde, dont le diamètre antéro-postérieur est plus grand en dehors qu'en dedans, et au déplacement de cet os, qui a glissé en dedans et en bas de la facette articulaire antérieure du calcanéum.

2. *L'incurvation des faces est causée par :*

a) L'inclinaison du col de l'astragale vers en bas;

b) L'incurvation du calcanéum dans le même sens ;

c) Le déplacement du scaphoïde et du cuboïde vers en bas et en arrière ;

d) La diminution de largeur des faces plantaires du cuboïde et du scaphoïde.

3. *La torsion du pied est le résultat de* :

a) La diminution de hauteur du corps de l'astragale en dedans et du développement anormal de sa partie externe ;

b) L'atrophie de la face interne, avec hypertrophie de la face externe du calcanéum ; à cette disproportion des deux faces, il faut ajouter la rotation du calcanéum autour de son axe longitudinal ; sa face externe, par ce fait, est devenue inférieure, sa face interne supérieure ;

c) La rotation du scaphoïde sur son axe antéro-postérieur, entraînant avec lui les cunéiformes ;

d) La rotation du cuboïde en arrière et en dedans ; la facette supérieure de cet os est devenue, de ce fait, externe et antérieure.

4. *L'équinisme est le fait* :

a) De la subluxation de l'astragale sur la mortaise tibio-péronière ; la moitié, parfois les deux tiers de la poulie astragalienne, est située en avant de la mortaise ; sa réintégration est impossible, grâce à l'augmentation de volume de la portion subluxée ;

b) De l'inclinaison de l'axe longitudinal du calcanéum, devenu oblique de haut en bas et d'arrière en avant.

Souvent, à ces éléments de difformité, s'ajoute la rotation en dehors de l'axe longitudinal de la jambe.

Les parties molles se sont adaptées aux déplacements et aux déformations des os du tarse : capsules, ligaments, muscles, tendons et aponévroses se sont raccourcis du côté de la concavité du pied.

L'incurvation des bords et des faces est maintenue par les ligaments astragalo-scaphoïdiens et tibio-scaphoïdiens, par les muscles sesamoïdiens ; la torsion du pied, par les jambiers antérieurs et postérieurs ; l'équinisme, par le tendon d'Achille.

Les raisons anatomiques des différents éléments de la difformité une fois connues, il est facile d'en déduire les obstacles au redressement. Les os et les parties molles y prennent part.

Les déformations osseuses existent dès la naissance ; mais pendant que le tarse est encore en partie cartilagineux, elles sont susceptibles d'être corrigées, à condition que les obstacles opposés par les parties molles soient levés.

Les sections sous-cutanées suivies des moyens orthopédiques ordinaires, les manipulations, le massage, l'application d'appareils, tendent à ce but et réussissent fort souvent. Mais ces opérations doivent être bien dirigées par le chirurgien, bien comprises et bien exécutées par l'entourage. Trop souvent, il échoue faute de persévérance, et le pied bot, déjà réduit, se déforme à nouveau.

Bientôt, avec l'âge, l'ossification arrive et les déformations osseuses deviennent définitives.

Parfois les moyens orthopédiques appliqués avec beaucoup de persévérance et d'énergie, réussissent encore ; mais les guérisons deviennent de plus en plus rares.

Le massage forcé, préconisé par Delore, a été mis en honneur dans ces cas ; mais ce massage forcé est une véritable ostéoclasie, et reste inférieur à la tarsectomie parce qu'il est aveugle et violent.

La ténotomie à ciel ouvert, préconisée par Phelps, est aussi employée.

Deux reproches s'adressent à cette méthode :

1° Elle ne modifie que les parties molles, les déformations osseuses sont respectées et prédisposent à la récidive ;

2° La cicatrice se trouve au bord interne du pied, elle est profonde, pyramidale, à sommet externe : la rétraction cicatricielle aura une grande tendance à reproduire la difformité.

La tarsectomie sera le moyen le plus rationnel et le plus efficace pour remédier à ces pieds bots anciens; car, comme nous l'avons dit, ce sont les modifications du squelette qui constituent les éléments principaux de la difformité.

La difficulté est de savoir à partir de quel moment il convient d'avoir recours aux résections tarsiennes et d'établir les signes cliniques à l'aide desquels on peut déterminer l'incurabilité des pieds bots par les moyens orthopédiques.

L'âge du sujet est un élément important. Il renseigne sur le degré d'avancement de l'ossification des os du tarse. Thouns a montré que l'ossification est complète à l'âge de huit ans ; mais c'est bien avant cet âge que les os opposent de la résistance au redressement.

Le point capital est de pouvoir apprécier l'état de déformation et de déplacement des os. A ce point de vue, les renseignements les plus précis nous seront donnés par la palpation.

Lorsque nous aurons bien nettement les signes suivants:

1° Saillie de la poulie astragalienne et difficulté de réintégration de cette saillie;

2° Saillie de la tête de l'astragale sur le dos du pied;

3° Scaphoïde déjeté en dedans, ne pouvant être ramené en avant de la tête de l'astragale;

4° Saillie de la grande apophyse du calcanéum sur le bord externe du pied;

5° Luxation du cuboïde en dedans et au-dessous de cette apophyse, ne pouvant plus être ramené en avant d'elle;

Nous serons certains que les moyens orthopédiques seront impuissants à corriger la difformité.

———

Parmi les nombreuses opérations pratiquées sur le squelette du pied bot, dans le but de corriger ce vice de conformation, *la tarsectomie antérieure totale ou cunéiforme* de O. Weber et de Davies Colley, et la tarsectomie postérieure de Lund et de E. Boeckel avec ses variétés, méritent seules d'être retenues ; toutes les autres sont insuffisantes.

Le choix entre ces opérations est facile :

La tarsectomie antérieure corrige l'adduction, l'équinisme et la torsion de l'avant-pied, mais elle laisse persister l'équinisme postérieur et la torsion de l'arrière-pied; elle expose donc à la récidive.

L'extirpation de l'astragale seul restitue le point d'appui le plus important de la plante, le talon; mais elle ne corrige que l'équinisme et la rotation de l'arrière-pied, laissant persister les déformations de l'avant-pied, surtout l'incurvation des bords.

L'extirpation de l'astragale avec résection calcanéenne partielle corrige l'équinisme, la rotation du pied, l'incurvation des bords et des faces, elle n'atteint pas la structure de l'avant-pied, et laisse au pied toute sa mobilité ; en un mot, elle répond au plus grand nombre des indications en enlevant les éléments principaux de la déformation, elle expose, par ce fait, le moins à la récidive.

L'opération de M. Ch. Nélaton a les mêmes avantages que celle de M. le professeur Gross; mais l'expérience n'a pas encore démontré qu'elle était applicable à tous les cas.

La statistique de M. Gross comprend 17 opérations pour pieds bots varus équins invétérés sur 12 sujets, dont 10 pieds bots varus équins congénitaux.

Douze fois l'extirpation de l'astragale avec résection complémentaire de la partie antérieure du calcanéum a été pratiquée.

Ces 12 opérations ont porté sur sept enfants de 4, 6, 8, 9, 10, 11 ans, ayant tous subi auparavant des traitements orthopédiques.

Deux opérés ont été perdus de vue. Les autres ont été revus ou ont donné de leurs nouvelles au bout de deux, trois, quatre ans. Chez l'un d'eux, opéré des deux pieds, la récidive s'est produite à l'un des pieds seulement. Mais il s'agit d'un cas où l'indocilité de l'enfant et la faiblesse des parents n'ont pas permis d'instituer un traitement orthopédique continu et régulier pendant les deux premiers mois de la guérison, comme M. Gross a l'habitude de le faire.

Le résultat définitif a été excellent chez tous les autres opérés; chez l'un d'eux seulement, l'application d'un appareil redresseur est parfois nécessaire au pied gauche (opéré des deux pieds).

L'étude de la forme et des fonctions du pied chez les opérés restants, nous permettent d'établir ainsi qu'il suit le résultat thérapeutique de la tarsectomie postérieure cunéiforme.

La position du pied est bonne, celui-ci est à angle droit sur la jambe, sa forme est convenablement restituée : ses faces sont déroulées, ses bords sont droits. Le talon touche le sol. La marche s'exécute facilement. Les mouvements du pied sur la jambe ont lieu dans la néarthrose tibio-calcanéenne.

La récidive ne paraît pas à craindre.

Le raccourcissement du membre inférieur est nul ou peu appréciable.

2. — La luxation traumatique du genou en avant
(Revue générale; *Gazette des Hôpitaux*, 30 janvier 1892).

A propos d'une observation typique de cette lésion, nous avons recherché toutes les observations publiées jusqu'à nos jours, et, à l'aide de ces documents, nous avons tenté de décrire la luxation traumatique du genou en avant.

Au point de vue étiologique, le fait principal est que le traumatisme produisant la luxation en avant est toujours un traumatisme violent.

Cette affection atteint rarement les enfants : il se produit chez eux un décollement des épiphyses ; il atteint rarement aussi les femmes, moins exposées que les hommes ; s'il existe dans la statistique des vieillards, ce sont tous des hommes travaillant encore à de durs ouvrages.

La luxation se produit par cause directe : choc sur l'extrémité inférieure du fémur ; ou par cause indirecte : extension forcée de la jambe ; Malgaigne l'avait déjà vu ; mais, en 1882, Unruh, par ses expériences, n'admit pas l'extension forcée comme pouvant provoquer à elle seule la luxation. Nous avons tenté de réfuter Unruh et de rétablir le mécanisme décrit par Malgaigne, qui nous paraît le seul exact.

Au point de vue anatomo-pathologique, on peut distinguer deux espèces de luxations : la luxation incomplète, très rare, et la luxation complète.

Dans la luxation complète, la poulie fémorale passe en arrière des plateaux du tibia, et ces plateaux remontent en avant du fémur, de trois à six et même dix centimètres. La rotule est plus ou moins oblique, suivant le chevauchement plus ou moins considérable du fémur sur le tibia, elle peut même reposer à plat sur ce dernier.

La capsule est déchirée en arrière, le ligament croisé est

constamment déchiré, le ligament latéral externe le plus souvent, le ligament latéral interne rarement.

Les muscles se déchirent dans l'ordre de fréquence suivant : jumeau externe, muscle poplité, demi-membraneux, jumeau interne.

Il n'existe jamais d'épanchement intra-articulaire.

La peau se rompt avant les vaisseaux.

Les vaisseaux se rompent à trois ou quatre centimètres au-dessous de l'interligne articulaire, au niveau de l'anneau du soléaire.

La rupture de l'artère peut être complète ou incomplète.

Il peut se produire des ruptures du sciatique poplité externe, ou de simples contusions de ce nerf.

Les symptômes sont les suivants : extension ou, plus rarement, flexion de la jambe sur la cuisse. Mobilité latérale accentuée. Déformation considérable. Augmentation du diamètre antéro-postérieur. Saillie du tibia en avant, dépression au-dessus de cette saillie. Rotule oblique ou placée à plat sur le plateau du tibia.

Creux poplité a disparu. Relief des condyles fémoraux. Raccourcissement du membre inférieur.

S'il existe une rupture artérielle, il y a suppression des pulsations des artères tibiales, de l'œdème et de la gangrène. La complication de la rupture artérielle, dans cette luxation, est beaucoup plus fréquente que dans toute autre luxation.

La rupture ou la contusion du nerf sciatique poplité externe donne lieu à des douleurs intenses, de l'insensibilité, des troubles trophiques et des paralysies dans la région de ce nerf.

Le pronostic est toujours grave.

Le traitement est la réduction dans les cas simples, l'amputation dans les cas compliqués de rupture artérielle, mais seulement lorsque la gangrène s'est produite.

3. — **De la suspension dans le traitement des maladies du système nerveux** (en collaboration avec M. Haushalter, chef de clinique médicale). *Progrès médical*, 1890.

L'élongation de la moelle, des racines et des nerfs périphériques, amenant dans l'organe des modifications dynamiques, anatomiques ou circulatoires, est le terme commun sur lequel s'appuient les hypothèses qui cherchent à expliquer le mode d'action de la suspension : or, de nombreuses séries de mensurations et d'expériences pratiquées sur le vivant et sur le cadavre nous ont prouvé que, dans l'allongement du canal vertébral obtenu par la suspension, la moelle, les racines et les nerfs périphériques ne subissent que des modifications insignifiantes.

D'autre part, 260 séances de suspensions, pratiquées sur 29 malades atteints d'affections nerveuses très diverses, semblent montrer que bien des améliorations s'expliquent par un effet purement moral.

4. — **Statistique des cas de variole observés à la Clinique durant l'épidémie de 1889** (en collaboration avec M. Haushalter, chef de clinique médicale). *Revue médicale de l'Est*, 1889, p. 578.

Histoire des cas de variole observés à la clinique durant une petite épidémie : la faible tendance de la maladie à se diffuser, la mortalité très faible (3,7 0/0), la bénignité relative de l'affection dans la plupart des cas, doivent être attribuées à une immunité partielle conférée à la majorité de la population par des vaccinations plus ou moins récentes.

5. — **Anévrysme de la tibiale antérieure traité par l'extirpation** (*En cours de publication.*)

Paris. — Imp. de Ch. Noblet, 13, rue Cujas. — 1892.

www.ingramcontent.com/pod-product-compliance
Lightning Source LLC
Chambersburg PA
CBHW060608050426
42451CB00011B/2147